CAUSERIE

D'UN PROFANE

AVEC

M. THIERS.

IMPRIMERIE DE H. FOURNIER ET Cᵉ
RUE SAINT-BENOÎT, 7.

CAUSERIE

D'UN PROFANE

AVEC

M. THIERS

PAR ÉDOUARD PÉCLET

AVOCAT.

PARIS

COMPTOIR DES IMPRIMEURS-UNIS
QUAI MALAQUAIS, 15.

—

1845

CAUSERIE

D'UN PROFANE

AVEC

M. THIERS.

—o—

Causons, si vous le permettez, Excellence... J'oubliais, étourdi, que les Excellences s'éclipsèrent alors que votre astre surgit soudain et confiant au soleil refroidi de Juillet... Je vous saluerai donc ministre, l'étant encore, quand vous ne l'êtes plus... Depuis vos trépas ministériels, la fable du *Phénix* est devenue presque de l'histoire... et, d'honneur, ces morts-là vous rajeunissent.

Mais voilà tantôt quatre ans et plus que nous vous pleurons... c'est trop, sinon pour vous, du moins pour la France, cette inconsolée, dont vous avez dit à bon droit : « La gouverne après moi qui pourra. » Qu'est-elle en effet devenue, la pauvre, sous votre tant fidèle ambassadeur à Londres, qui de sa mis-

sion ne sut rapporter que cette devise, singulière
au moins en ces temps... *Recta via brevis ?* C'est
à vous, monsieur le ministre, que convenait surtout
une pareille légende... et, je ne pardonnerai jamais
à Guizot, se l'appliquant le premier, de vous l'avoir
rendue impossible.

A moi profane, de mon chef présenté, ce laisser
aller de parole, est fort osé vraiment; si converser
avec les forts a ses dangers, qu'importe? me jeter
hors serait trop grand seigneur, dont je vous sais
parfaitement incapable. C'est d'ailleurs au génie, de
se montrer indulgent à l'audace, par cela qu'il en use,
l'audace qu'arborait ce Danton par vous illustré, elle
qui près de vous me conduit. Loin de m'en punir,
vous m'avez montré ce fauteuil... merci Excellence...
marqué, je crois, à l'N impériale... J'avais justement
à vous parler de Napoléon, du consulat, de l'empire...
C'est la grande nouvelle, que votre *Histoire du Consulat...* chef-d'œuvre sans rival... De vous pouvait-il
être autrement? Quel bonheur littéraire que cette
prédiction de M. de Talleyrand, « que le temps vous
manquerait pour écrire cet ouvrage, » soit par l'événement démentie ! Vous y avez, j'en suis sûr, admis
une morale autre que le succès, sans remplacer la con-
science de l'homme et la providence de Dieu par la
force et la fatalité. Entre nous, l'heureux de Marengo

se prête mieux à l'apothéose que MM. Danton, Robespierre et Marat... Je n'ai guère lu ce beau livre... Divin, sublime... ce Thiers... quel homme!.. est le cri général... Il n'est bruit que de vous... Ah! l'air est trop chargé de vos louanges, et l'on s'explique le citoyen d'Athènes qui, malgré son admiration pour Aristide, jeta contre lui dans l'urne un bulletin d'ostracisme, fatigué qu'il était de l'entendre toujours et partout surnommer le *Juste*.

Ce n'est pas qu'entre vous et l'Athénien je prétende établir un parallèle trop intime... Dieu garde! s'écrierait le Provençal... les vertus de république n'allant guère à votre taille... Autres temps, autres mœurs... Corps et âme veulent être vêtus selon le siècle. Il ne quittera jamais mon souvenir, ce jour d'étincelant soleil qui vous éclairait, vous épanouissait au boulevard. De toutes parts on applaudissait au talent parvenu. Digne était votre démarche, et derrière vous un laquais zébré d'or. Une voiture brillante s'ouvrit bientôt sous vos pas... les chevaux de race piaffaient impatients... Et vous disparaissiez sous un long murmure, quand un Diogène de la foule lui cria, la couvrant des éclats de son strident sarcasme... « Faites donc des révolutions, stupides, pour mettre ce peuple en voiture! »

A propos de révolution, il allait à pied, je crois,

l'athlète formidable qui la poussait devant lui sur les priviléges renversés, Riquetti de Mirabeau, éclos et grandi comme vous au feu d'une tempête. De son époque le plus entraînant orateur, vous êtes de là vôtre le causeur le plus abondant. Noble, il s'efforça de livrer à la révolution une monarchie de douze siècles immobile; plébéien, ils vous disent désertant la révolution pour la cour. Corrompu, ou reconquis par des instincts de race, il tenta de prostituer cette fille qu'il voulait rendre d'abord si magnifique... Et du Panthéon, le peuple, dans sa justice, le jeta aux gémonies. A vous, au moins, les entraînements en haut lieu sont purs de tout soupçon; et plus heureux, sinon aussi grand que Mirabeau, on lira de vous au temple de mémoire, sur le marbre de l'immortalité... « Il fut incorruptible. » L'armoire de fer ne se rouvrira plus.

De là au berceau de votre enfance, qu'il sera loin! Et déjà mesurez la route parcourue. Quelle course de géant! Infirmités de naissance, votre talent les efface; né pauvre, vous voilà riche, où devez l'être... Hier infime, votre nom européen vit déjà dans l'histoire. — A l'écrivain, chaque page roule de l'or sur le char de la renommée. — Avocat sans nom, votre première cause gagnée est la chute d'une monarchie, où pour vous rien n'était à faire.

Sous la plume abaissée du coq dit gaulois, vous avez touché du vol de l'aigle les suprêmes régions de la fortune et de la gloire... Est-ce tout? Si Napoléon est sur la colonne, si sa cendre repose, selon son vœu, aux rives de la Seine, si Plutarque immortalise de son pinceau les gestes d'un héros fabuleux... à qui se doit la reconnaissance? A vous... Et cela je le disais avec trop d'enthousiasme peut-être, dans une brochure (1) que, certes, vous n'aurez pas lue, monsieur le ministre... Somme toute, différence acceptée des mérites, temps et moyens, vous avez gravité aussi haut, aussi vite, que le hardi soldat de brumaire... Mais lui ne s'arrêtait pas dans sa course lumineuse, et, vainqueur de ses dégoûts, rien qui le pût abattre, que la main de fer du destin. — Comme vous, pardon à ma franchise, il n'avait pas de ces

(1) Dans une brochure qu'inspirait le retour en France des cendres de Napoléon, je disais de M. Thiers, sous le charme de ce qu'il avait fait :

« Trois fois prédestiné, trois fois M. Thiers aura attaché son nom à un souvenir immortel.

« Ministre, il rend l'Empereur à sa colonne.

« Historien, il en écrit l'histoire.

« Ministre encore, il demande et obtient de l'exil la cendre de son héros. Ingénieuse manière de témoigner qu'habile à écrire l'histoire, il sait la pratiquer aussi.

« Et de ce que vous avez fait, ministre du roi, la France augure bien de ce que vous ferez encore... Mais où sera le tombeau? »   (Broch. in-8°, chez Delaunay.)

haltes compromettantes de la sécurité publique ; que
dire d'un deuil où, victime volontaire, vous vous
enterrez tout vivant ? Je sens, à son aspect, s'animer
l'émouvante sculpture de Pigal. Vous la connais-
sez. — Le maréchal de Saxe, les traits décharnés et
livides, glisse sur le chemin de l'éternité... sous la
faux suspendue de la mort. Dans la personnification
d'une grande et noble femme, telle qu'elle apparut
sous votre ministère, la France, quand d'une main
elle s'efforce de retenir le héros expiré, supplie de
l'autre avec larmes, la parque, l'inexorable parque.
Revient-on du trépas ? Mais vous, dans toute la force
de la vie, vous ne pouvez être sourd à la voix du
pays ? Voyez sur quelle pente il descend à l'abîme...
Et qui mieux que vous l'y saurait arrêter, de votre
habileté et vos incomparables talents ?

Et de vos palmes politiques, celle qui se dégage
immortelle et radieuse à jamais... c'est Beyruth... Je
surprends affluant à vos lèvres les joies contenues d'un
légitime orgueil... Beyruth... Ce nom vous a redit
tout entier... Ah ! pour en causer, que ne m'est-il
donné d'être de vos amis ! Mollement couché sur le
canapé de l'empire, aspirant le délicieux havane,
d'une familière main vous atteignant l'épaule... ce
qui, je crois, est mieux que de frapper au ventre...
ainsi qu'il vous advint, dit-on, à l'endroit de sa

majesté prussienne.... que ne puis-je m'écrier : Dites-moi, Thiers, dites-moi (ceci pure et rapide hypothèse) la fameuse affaire d'Orient... Confessez, seigneur du premier-mars (l'appellation emphatique est de mise entre amis...), confessez, mon très-cher, de 1840 les impénétrés et impénétrables mystères... On sait être discret... Le *Constitutionnel*, le *Siècle*, le *Temps*, le *Courrier*, et autres dévoués, morts ou mourants aujourd'hui, éclatent sur la France en traînées incendiaires. La chambre s'émeut, la patrie a frémi au bruit de vos fanfares. Aux armes ! 1815 est vengé, le Rhin reconquis ; cette robe souillée des boues de l'humiliation, la France, la vieille France, l'a jetée pour un habit de bataille. La Bourse palpite... la Tamise a gémi dans ses entrailles profondes... Pologne, Italie, debout ! A nous, enfants réveillés de la Germanie ! le drapeau tricolore va se lever enfin sur vos champs affranchis. — Le bronze coule en canons, le fer est aiguisé, d'odieux traités se déchirent... 1840 finit 89, chaque homme porte un héros... et avec Thiers et Dieu pour devise, on roule à la frontière... Et la route fléchissait... propice instant d'opérer à la baisse... Vous plairait-il parfois, monsieur le ministre, d'essayer de la Bourse ? Mirifique question... comme si des hauteurs où elle pose, une probité officielle se pouvait égarer jamais dans les

labyrinthes de la prime... Votre front se contracte...
l'odeur de la fumée vous incommoderait-elle?... non
du canon... quelle injure ! mais du tabac... L'autre
absolument, ne sachant respirer à l'aise que le nuage
embrasé des batailles... Et de Beyruth... Voilà que
soudain les mères sensibles se rassurent... le patrio-
tisme plonge en tisane pour les calmer ses inutiles
ardeurs... Plus de tonnerre au ciel ministériel... On
se regarde, on s'interroge, et, la bouche béante, personne qui comprenne ou devine les secrets de l'État,
très-peu nés pour la rue... Rentrez, rentrez, bour-
geois, allez en paix; c'est au mieux dans le meilleur des gouvernements possibles... et l'Europe
rassurée... chez nous tout comme devant, sinon en
plus 500 millions au budget... et en moins un ministre et quel ministre ! monsieur le ministre !!!
Puis la paix à tout prix, partout et toujours...

Ainsi il fut, n'est-ce pas?... A ce geste qui m'en-
courage, je continue ou plutôt je complète... Moi et
quelques petits dressés par l'historien de la *Révolution* au culte inorthodoxe de la Montagne, nous
exclamions à chaque aurore, fascinés des prismes
miroitant dans vos mains : « De l'Orient, frère,
ne vois-tu rien venir? entends-tu le canon de
Beyruth... Frère, je ne vois rien, je n'entends
rien... Silence... il part, il est parti le canon de

Beyruth... Dieux ! voilà l'univers embrasé. — O ma patrie... quel jour pour la vengeance ! Nul écho de nos côtes... Impossible... *il* a dit qu'au premier feu il riposterait de toutes bordées. — Quel mystère ! — Alors, frère, de Neuilly ne vois-tu rien venir ? — Je vois Thiers s'en allant. — Et qu'emporte-t-il ? — Les regrets sans doute et l'estime de de son maître. — Le vent d'aventure serait-il à la paix ? — Impossible... L'honneur national... Chut ! amis, chut !... quel lointain frémissement ! Les hulans... je gage... marchant concentriquement sur Paris... Paris... c'est la France... Dieu des combats, veille sur nous !.. Une nouvelle coalition... une troisième restauration... Oh ! holà, non... mais les fortifications... hélas !

Ah ! vous gobeletâtes à ravir... sans briller du sacre académique, le mot me plaît... et puis, à vous allant... n'a-t-il donc pris ses lettres de bonne compagnie ?... Avec quel tact exquis, ministre, vous glissiez dans les esprits les fortifications aimées, avant que le talent du rapporteur les fixât par une loi sur la terre parisienne... Et d'ordonnance, s'il m'en souvient, vu l'imminent péril, s'improvisaient bastions et régiments. Je vous vois franchir la tribune, portant dessiné au front, avec la confiance du succès, tout un système de retranchements, fossés, polygones, courtines, escarpes, contrescarpes, défilements, fronts de ligne, et le reste... Vous étiez beau ainsi, et au complet étant chambre, antichambre et galerie, à travers un profond silence, coupé d'enthousiastes murmures, vous motivez la fortification. Quel orateur! quel capitaine! je ne savais qu'admirer le plus, du glaive de parole ou de l'épée de bataille agitée dans vos mains... Et quand sur la plaie mal fermée de 1815 s'abîmaient vos larmes citoyennes, quelle pénétrante et subite émotion ! Que n'est-il venu plus tôt... ce Thiers... ce sauveur... il eût préservé Paris, la France de cruelles invasions... Et, sur ma foi, vous en étiez bien capable, général, sans le bagage d'une impératrice, d'un frère d'empereur que dépassait son mandat, de généraux surchargés d'or et de ventre, avec des ouvriers mieux armés, une bourgeoisie moins cupide et plus nationale, sans le sénat conservateur, et surtout sans les traîtres... Et le rapport modèle s'en allait finissant, quand s'étendent sur les bancs de funèbres murmures. On s'évanouit, on tremble, les plus braves ont comprimé le cri aux armes !... Sur les vitraux, à travers le jour qui se meurt, s'éteignent des lueurs de sang; du centre aux abois surgissent des hurlements plaintifs, inentendus depuis César; sur les degrés ébranlés du palais sonne la molette insolente de Sacken, de Platow... A la fantasmagorie de votre éloquence, Paris s'est enroulé d'un cercle de feu... Et les fortifications sont debout... et la France sauvegardée. Le soir, les cavaliers d'ambassade en portaient la nouvelle à leurs gouvernements, et sur l'Europe impuissamment furieuse, la nation reconnaissante, en vue de son inviolabilité éternelle, vous entonna *Magnificat*.

Mais l'envie ne mesure-t-elle ses serpents au colosse qu'elle veut étouffer? La dynastie... ils ont dit, les méchants, que pour elle et par elle vous aviez voulu l'emmuraillement. Comme si le conseil de Machiavel pouvait séduire d'autres rois que les absolus (1)! Ah! dans mon indignation, il me faut m'écrier avec vous : « Les auteurs de ces inventions infâmes devraient se placer en face de l'avenir, et rougir à la pensée du démenti que le temps leur prépare (2). » Ils ignorent donc ceux-là votre dévouement au pays? Et je veux pour un instant dans ces imputations quelque chose de fondé. Est-ce un crime, s'il vous plaît, que la reconnaissance? Ne deviez-vous rien à cette main déjà sénile, qui, malgré ses préoccupations à

(1) « Le prince qui a plus peur de ses sujets que de l'étranger, doit faire des fortifications. »

Machiavel, *Livre du Prince.*

(2) *Histoire du Consulat*, t. II, p. 75.

devenir royale, trouvait le loisir d'offrir un verre
d'eau à votre orléanisme altéré? C'est qu'il faisait
chaud ce jour-là. Pour être arrivé (1), faut-il donc
être ingrat? Qu'ils pèsent donc, les misérables, au pla-
teau de l'impartialité, vos services envers le pays :
protestation contre les ordonnances sous le palladium
de la légalité; dans la réunion Laborde où s'agitait
le refus de l'impôt, efforts inouïs pour calmer des
effervescences non tempestives encore; promenade à
Montmorency chez Mme de Courchamp, alors que
la vallée était plus sûre que les rues de Paris (de
juillet n'était-ce le 27?); offre au duc, qui n'en voulait pas, de la couronne tombée de son féal parent;
éloquence terminant de dangereuses hésitations; se-
crétairerie d'État, emplois donnés, seulement donnés; officieux message pour la liste civile près la
commission qui la discuterait; libations funèbres,
d'après le mode antique, sur un illustre mort (2);

(1) Un jour que M. Thiers était trouvé trop mince pour sa
première présidence, M. de Talleyrand, qui alors avait le mono-
pole de l'esprit, s'écria : « M. Thiers, messieurs, n'est point parvenu, mais arrivé. »

(2) « Les insurgés, au 5 juin, lors des funérailles de Lamarque,
s'étaient attachés à rendre inabordables la rue Saint-Martin et
les rues circonvoisines, voulant y établir le quartier général de
l'insurrection, et ne se doutant guère que ce jour-là même
MM. Thiers, Mignet, d'Haubersaërt, et autres personnages dévoués au gouvernement de Louis-Philippe, se trouvaient réunis

ordres plébicides soufflant du Carrousel (1); escalade au banc des ministres, dont président deux fois; les priviléges soutenus; l'état de siége; Lyon mitraillé; les égorgements de la rue Transnonain; Carrel empoigné comme complice d'un odieux assassin; les déportations à Saint-Michel; les lois contre les associations, les crieurs publics, les gardes nationaux, les journaux, le jury; Deutz le renégat, qu'épuise dans sa bassesse un or instigateur...; et l'embastillement donc! et la loi de régence, et Grandveaux que j'oubliais... n'est-ce rien?... et tant d'autres!... Sous l'ensemble coule bien quelque peu de sang; mais, versé avec intelligence et à-propos, il épure le corps social. « Plus une constitution transpire, plus elle est saine, » de Collot d'Herbois, est, en hygiène, le premier aphorisme. Qu'ils disent après cela que vous ne portez pas le pays dans votre cœur.

à table dans le restaurant du *Rocher de Cancale*, à cinquante pas du camp où les républicains se fortifiaient. »

(Louis Blanc, *Histoire de dix ans*, 3ᵉ vol., p. 304.)

(1) « C'était M. Thiers qui, dans la soirée du 5 juin, semblait présider à tous les préparatifs de la défense. Entouré pendant quelque temps, à l'état-major de la garde nationale, de MM. Bérenger, Kératry, Madier-Montjau, Voisin de Gartempes, il faisait distribuer des cartouches et envoyait dire aux députés de se réunir en toute hâte, heureux de l'occasion que lui offrait la fortune de s'essayer à un rôle nouveau. »

(Louis Blanc, 3ᵉ vol., p. 313 et 314.)

Le pays, mon pays, votre pays, notre pays à tous, qui donc ne l'aimerait? il acquitte si bien, le généreux! le prodigue! O budget vénérable! ô fonds mystérieux et secrets! ô télégraphe, discret et complaisant fonctionnaire de la nue! ô rentes! ô fournitures! ô pots-de-vin toujours chers, toujours chéris! O marmite budgétaire, au cratère sans fond, mais toujours vomissant, qu'il est doux de dormir à tes pieds, doucement réveillé sous ta lave en fusion! Vous êtes ému, monsieur le ministre; à celui-là, aimant son pays, rien de si beau vraiment qu'une machine constitutionnelle. C'est cher, mais c'est bon. Et qui plus que vous doit porter l'épée haute au parcours militaire de la fortification? La main au menton, les bras ramenés derrière le dos à la manière impériale, l'œil superbement ouvert sur la coalition anéantie, le cerveau s'ébranlant d'un macouba supérieur (le vainqueur d'Austerlitz en absorbait beaucoup), qu'il doit vous être doux de murmurer : « C'est cependant mon « ouvrage à moi, cela, élevé pour la liberté contre « le droit divin. C'est qu'en 1840 elle nous allait dé-« border, la coalition, l'audacieuse, l'impudente, « la malheureuse! Ah! messeigneurs du congrès, « vous comptiez sans Thiers! Venez, venez; il vous « attend, il vous défie, le petit! de la plume et de « l'épée encore *Cæsareis ense et calamo.* Quatorze

« lieues d'enceinte ! quatorze bastilles avec créneaux,
« casemates, et tout !… jetées au-devant du pays
« contre les témérités de l'étranger. Ombre sacrée de
« Sainte-Hélène, une occasion, une seule, de tirer
« le glaive, pour montrer si je suis digne de toi !
« Tu sais ma reconnaissance si grande elle fut
« du service que tu me rendis dans l'affaire des
« bastilles… Et ils m'osent dire partisan de la paix !
« moi, comme si la révélation de mon être guerrier
« se pouvait produire ailleurs qu'à la guerre ! » Noble
et légitime langage, monsieur le ministre. Et dans
la fortification (saurait-on y trop revenir ?), comme
tout est traité de main de maître, coquet, joli, ga-
zonné, chatoyant, reluisant, d'une harmonie de
pierres à supposer un seul bloc ! C'est là que le génie en a déployé ! Arrière, jardins suspendus de
Babylone, et les sept merveilles du monde, et la
grande muraille de Chine ! qu'êtes-vous, chétifs,
devant l'œuvre immortelle de 1840 ? Et les forts, qui
ne jurerait autant de châteaux de plaisance, assis en
éclaireurs sur la ceinture de Paris pour préluder à
ses magnificences ? O Parisiens ! pour le dimanche,
quelles ravissantes promenades, baignées au pied des
eaux de la Seine, ombragées au sommet d'arbres
très-magnifiques ! Et avec l'armement consommé,
quel délicieux coup d'œil ! Les canons étincellent,

cyclopes vigilants; et le mouvement des troupes, les revues, les parades, les mots d'ordre croisés jour et nuit, les vivandières, les troupiers, leurs enfants, les cantonades, la diane, le rappel, le clairon, les tambours, les trompettes, mitraille, fusillade et canon, l'appareil, en un mot, et le bruit d'un camp monstrueusement immense! Au prestige d'un tel reflet, nul de nous qui ne semble un héros. Serrez vos femmes, maris! Devant cette masse imposante serait bien venu aujourd'hui quelque cosaque Panurge disant en irrision à Pantagruel, son ami : « Voyez cy ces belles murailles. O que fortes sont, « et bien en poinct pour garder les oisons en mue! « Par ma barbe! elles sont complétement méchantes « pour une telle ville comme ceste-cy, car une vache « avec un... (par Grandveaux excusez!) avec un « ped en abattrait plus de six brasses. » Et puis, c'est quand se compléteront les murailles de leurs deux mille canons en garnison à Bourges, que belle sera la fête! Sans canons que sont-elles? un printemps sans roses, si le mot du roi-chevalier, si vrai d'une cour sans femmes, se peut risquer ici. Par les canons elles s'embellissent, s'animant de toutes les ressources de la vie... Absents, il n'y a plus qu'un immense géant sans tête, masse informe, inerte, honte du pays, risée de l'étranger. Et de Bourges me sourit fort, la topographie réduite de la fortification, idée merveilleuse, à cette fin qu'aux patriotiques accords d'un Amphion à portefeuille, le sauveur attirail s'aille de lui-même classer vite et bien sur ses positions définitivement respectives. Elle est venue enfin cette loi de l'armement. Nous entrevoyons, moi et mes amis, à l'occasion de sa naissance, un éclatant rapport, digne émule de l'aîné. De fréquents colloques s'étant échangés en haut lieu dans l'embrasure d'une fenêtre, on attendait quelque chose d'insolite... et d'insolite en l'occurrence, il n'y eut que votre mutisme, auquel vous put seule arracher la trouée à fond du poëte. Vous paraissiez affaissé à cette heure, venant, il est vrai, de pourfendre les jésuites qu'un hasard ménagé traînait à votre barre, la veille même de la discussion qui armait... Grande victoire sur ces gens, de par le *Constitutionnel*, sécularisés et *honteux* à toujours... Et par lui, vous Martin, Dupin, Rossi, le pape et Rootham, va reverdir en primeur, à eux appliquée, l'interpellation fameuse d'un homme célèbre : « Aurait-on *d'aven-* « *ture* vu passer un légitimiste? » Et contre l'armement, comme il vous aiguillonnait, le paladin, avec ses dates officielles et citations diplomatiques ! Se déchaînant en lanières sanglantes, les cordes de sa lyre, ah ! qu'il vous fustigea, le barde !... J'en saigne...

C'était d'un torrentiel effrayant... 1er mars, 15 mars, 1er mai, 27 juillet, en compagnie de MM. Thiers, Guizot, Granville, Bulwer, Palmerston, *è tutti quanti* (1). Vous accuser d'avoir surpris l'opinion, et, comme Jupin la foudre, évoqué d'un nuage artistique l'expectante mitraille des fortifications! quelle audace! A des coups vigoureusement portés permettez que je le dise, monsieur le ministre, j'eusse opposé mieux qu'une fureur olympienne,

(1) M. Thiers disait à cette tribune, quelques jours avant la formation du ministère du 1er mars : « Quelle que soit la situa-« tion que les affaires prennent en Europe, il n'y a pas lieu de « craindre que le canon soit tiré. »

Dans une dépêche du 15 mars, M. Thiers disait : « Les gou-« vernements anglais et français ont au fond les mêmes vues. » (Mouvement.)

Voici ma troisième citation :

« Dans une dépêche du 1er mai 1840, lord Granville écrivait à son gouvernement : « M. Thiers m'a communiqué une dé-« pêche confidentielle par laquelle il enjoint à son consul à « Alexandrie de faire clairement comprendre au pacha que la « France, pour lui maintenir la Syrie, ne compromettra pas ses « relations avec l'Angleterre. » (Nouveau mouvement.) Où est la guerre, messieurs, je le demande? N'éprouvez-vous pas la même impression que moi à la lecture de ces dépêches?

« Enfin, le 27 juillet 1840, M. Bulwer écrivait encore à son gou-vernement, en parlant des mesures et des préparatifs qui avaient lieu en France : « On veut enflammer le sentiment national ; on « ira jusqu'à la menace ; mais une fois les armements achevés, « on laissera les événements s'accomplir. » Et dans une autre occasion lord Palmerston écrivait à M. Bulwer : « J'ai fait enqui, de soi ne prouvant rien, vous eût dispensé chez votre président d'un baiser Lamourette, flanqué des témoins audit cas permis. Vous, relevant de la triple dignité de l'homme, du tribun et du ministre, il fallait, avec l'ex-favori Marat, le *rappeler d'abord à la pudeur;* puis par l'apostrophe... hache d'armes! selon les maîtres de la haute éloquence, tous services déployés, terminer ainsi : « Aimez-vous le pays? « ô vous, si borné depuis qu'il vous a plu de décou-

« tendre à M. Guizot (M. Guizot était alors ambassadeur à Lon-« dres) que la flotte française ne devait pas être placée vis-à-vis « de la nôtre, de façon à rendre une collision possible. Et « M. Guizot me répondit : « On aura soin d'y prendre garde. » (Mouvement prolongé.)

« Voilà les faits, messieurs; voilà à quoi se réduisait cette éventualité de guerre, sous la menace de laquelle les fortifications ont été demandées.

« Quant aux dernières paroles prononcées par l'honorable M. Thiers, elles ne sont ni du ressort de la chambre ni du ressort de la tribune. Quand l'honorable M. Thiers aura expliqué à qui s'appliquait un mot (calomniateur) que je n'ai jamais subi, que jamais personne dans cette enceinte n'a subi, je saurai la réponse que j'aurai à y faire. (Vive sensation.) » (M. de Lamartine, Chambre des Députés, séance du 8 mai 1845.)

Par une coïncidence fatale à M. Thiers, trois jours avant (le 5 mai), lord Palmerston, au reproche de n'avoir pas, en 1840, mis la flotte sur un pied imposant, répondait « qu'à l'automne de 1840 *il n'y avait aucune probabilité de rupture avec la France.* » (Chambre des communes, séance du 5 mai.)

« vrir des bornes dans cette enceinte! » A l'atti-
cisme d'une telle parole, sous ce jet de brûlante
oraison, on eût vu s'ébranler les rostres, le ventre éclater de tous bords, et, du sanctuaire en
émoi, les lévites fidèles enfumer du quotidien en-
cens le grand prêtre de l'éloquence. Quel triomphe
échappé! Mais vous étiez détendu; on n'est pas émi-
nent toujours, et de l'organisation la plus large et de
fortune et de génie, chaque heure en fuyant ne saurait détacher un succès... C'est qu'il avait relevé
le gant, ce Lamartine! et vous, si, plus susceptible,
moins préoccupé de la France, si... A travers une
poitrine d'homme un fer sacrilége peut saigner au
cœur le pays... le savez-vous? Éloignons ces imagi-
nations funèbres... De grâce, en attendant de dire
comment se brisa l'équilibre des pouvoirs, une loi,
de grâce, contre le duel, à votre premier ministère,
plus efficace, plus protectrice du courage que cette
jurisprudence Dupin, par ses culbutes séries ès cours
royales assise de moins en moins chaque jour!...
Le duel, de par Dupin, infamie, crime, assassinat,
malgré les conclusions contraires de l'honorable et
savant de Hauranne!... *Jugement de Dieu* pouvant
frapper à faux; et, prises deux hypothèses, si du
fer et du plomb dont ils périrent Carrel et Dulong,
ces démagogues, mortellement eussent atteint leurs

adversaires, quel deuil immense, général, éternel! Abd-el-Kader encore attendrait son vainqueur, son chauffeur l'Algérie, il y aurait en France un Français de moins... Et l'on se fût gardé de danser à la cour... De tout quoi je conclus que, pour la gloire de la France, sa nationalité, les plaisirs augustes et l'honneur dupinien, c'est de nécessité absolue d'enterrer le duel au plus vite... N'est-ce pas, ô grand législateur?

Mais, sociales ou politiques, toutes questions s'éteignent sans écho sur votre nature affaissée. Dieu se reposant sur le chaos organisé; Charles-Quint enseveli vivant à Saint-Just; Alexandre, le vainqueur étonné de Napoléon, que dévorent des langueurs incomprises, vous sont-ils une justification?... Et mon *Histoire du Consulat...* Hé! d'autres l'eussent écrite, moins bien sans doute; mais la France à défendre de ses abaissements, de ses inclinaisons vers l'Angleterre, me semblait mériter la préférence... J'eusse mieux aimé plus tard vos commentaires... César écrivait-il d'un autre? Ses faits et gestes étaient ample matière à sa plume, et les dépêcher de sa personne vers la postérité un sûr moyen de s'y draper au mieux de sa gloire... Avantage nullement à dédaigner... Que semblerait à son historien le premier consul promenant de l'encre sur le papier, au lieu de relever d'une épée régénératrice la France en lámbeaux ? Elle, léguée si grande à vos successeurs, qu'est-elle devenue? Où s'est allée échouer cette politique qui, par vous armée en guerre, recélait dans ses flancs des foudres invincibles?... A la corruption en système, aux tronçons électoraux, au droit de visite enchevêtré du pacte Lusinghton-Broglie, à Pritchard l'indemnitaire, à l'Afrique, française seulement de l'or et du sang engloutis ; à Isly, à Mogador, glorieux trophées sans doute... ; à beaucoup de gloire soldée, dont quittance.... ; à d'habiles traités signés sous parasol, et vermoulus déjà ; à un royal voyage outre-mer, un discours de jonction pur sang (1); une jarretière pudibonde, *honni soit qui mal y pense*, gracieusement attachée par une reine, et poétisant l'ensemble, à des culottes de bœuf (le meilleur de la bête) échangées en solennelle ambassade et sympathiquement absorbées, là et deçà la Manche, au mieux de l'entente, par des

(1) Le 24 juillet 1804, le duc d'Orléans écrivait de Twikenam à l'évêque de Landorff, au sujet de l'oraison funèbre du duc d'Enghien, prononcée à Londres :

« Mon cher milord,

« J'étais certain que votre âme élevée éprouverait une juste « indignation à l'occasion du meurtre atroce de mon infortuné « cousin. Sa mère était ma tante; lui-même, après mon frère, « était mon plus proche parent. Son sort est un avertissement

appétits couronnés... D'où me revient naturellement en souvenance l'adieu railleur de lord Chesterfearldeld à son fils, le pied en chaise pour les cours de l'Europe : « Allez, mon fils, allez voir par quels hommes « le monde est gouverné. »

Une fois encore, sortez, ah ! sortez de cette léthargie criminelle. Cette fossile existence, de cinq années bientôt, la pouvez-vous avouer ? Par heure la voici : le premier cri parmi nous ayant chaque jour été :... Que fait-*il ?* où est-*il ?...* vous permettez... à Bagnères de Bigorre... Croyez-vous donc, messieurs, si commode le métier de ministre, qu'on ne doive retremper dans des eaux généreuses des forces épuisées ? Par Sévigné, en mille, mes amis, je l'ai vu, vu, dans la nécropole de Saint-Mandé, incliné sur la tombe du malheureux Carrel... il pleurait... Sur ses bastilles, jamais jour d'opéra, d'émeute ou de tribune, il n'alla davantage à mon cœur... Hier,

---

« pour nous tous... Il nous indique que l'usurpateur corse ne « sera jamais tranquille tant qu'il n'aura pas effacé notre famille « entière de la liste des vivants. Cela me fait ressentir plus vive- « ment les bienfaits de la généreuse protection qui nous est ac- « cordée par votre nation magnanime. J'ai quitté ma patrie de « si bonne heure que j'ai à peine les habitudes d'un Français, et « je puis dire avec vérité que je suis attaché à l'Angleterre non- « seulement par reconnaissance, mais aussi par goût et par in- « clination. »

au Jardin du Roi, il contemplait les singes qui grimaçaient, méconnaissant, ingrats, ce qu'ils devaient à l'outragé. — Nouvelle immense, s'exclame un matin Pamphile, se piquant d'être bien informé... le voilà en Allemagne, vrai comme il nous apprit à estimer Robespierre et Marat. — En Allemagne... le roi de Prusse le veut donc voir?... Foin du roi de Prusse!.. il parcourt le terrain de Wagram, pour sanctionner ou discuter le plan du vainqueur... La grande ombre s'est émue... Déjà ainsi il fit à Marengo. — Je le vis à l'Académie, les palmes lui siéent à merveille, il a parlé, il parle, il parlera. *Sic fata*... il paraissait soucieux, de ses remords, dit-on, à l'endroit de Laffitte qui de son or le poussa sur la voie à lui difficile de la fortune et des honneurs...— Son professeur d'équitation signale chez l'élève des progrès, toujours lourd de main, quoique fort léger du reste, et mieux en selle que Sieyès, sans comme lui exceller encore dans la science des constitutions...—M. Thiers a été reçu par le Roi...grave— très-grave. — Il y eut de lui visite au tombeau de Napoléon, d'un fer incompris il a touché le marbre sacré, se rappelant dans son érudition immense le naïf soldat de Charlemagne.—Il a paru, le *premier*, du consulat, en librairie, colossal événement, supercoquentieux, pharamineux.... 500,000 exem-

plaires enlevés... queue monstre, des gendarmes
qu'on voit pour la première fois régler de leur pré-
sence l'émission du génie. Reconnaissants, les Buo-
naparte lui envoyèrent le portrait du héros enrichi
de diamants... qu'il renvoya... les diamants... Ma-
dame Thiers dissidente... foudroyante réponse à ses
ennemis ! Au *Constitutionnel*, il s'est plaint du tort
causé à ses Paris par le juif... M. Véron l'appuyant
fort... un fier ami, non de comédie... mais d'opéra...
Et tant d'autres choses que je tais... ne sachant être
indiscret ou importun... Est-ce là de l'histoire,
impartiale, vraie, si oncques il fut ?... la sauriez-
vous écrire avec une plus entière exactitude ? Eh
bien, la main sur la conscience, est-ce là s'ac-
quitter envers le pays ? Ingrat ou soupçonneux,
répondez-lui avec Chatam : « C'est du peuple que
« j'ai reçu mon mandat, à lui je le veux rendre di-
« gne et honoré. » Vous, aider à la couronne! nouveau Raleigh jeter sous ses pas, pour les ménager,
votre frac plébéien... impossible !.. Le roi règne et
ne gouverne pas... et avec la constitution respectée,
et elle l'est, chez nous n'existant pas deux gouvernements, un embarras à la Montluc me paraît difficile... Vous savez le trait, le voici : Ce brave maréchal
de 1500 huguenots capturés ne savait que faire. Le

roi négociant avec le parti lui mande de les épargner, et la reine de les tuer. Battu entre ces ordres contraires, il hésita longtemps. Enfin il les tua, et fit bien, car la négociation ayant manqué, la reine lui sut gré du tout. Et l'ingratitude, si lourde à votre âme, vous a-t-elle atteint le premier ? Pour avoir donné à son maître un nouveau monde, Colomb ne fut-il pas ramené à ses pieds les mains chargées de chaînes ? la prison récompensait le génie trop hâtif de Galilée, et malheureuse, la gloire impériale s'étiolait dans l'oubli. Souvenez-vous de Fabricius... il aimait le pays... Et aux cris qui l'ont réveillé, un géant sur la rive laissera-t-il une femme s'en aller au torrent ?

> Cette femme, c'est la France qui crie
> Que l'instant est venu de sauver la patrie.

A cette tâche, qui plus que vous est habile ? Et parmi les grands hommes, depuis cinquante ans, balayés par l'orage, pas un à vous assimiler, sinon celui « dont la première partie de la vie politique se « passa à chercher par qui il pourrait parvenir, et « la seconde par qui il pourrait se conserver. Cour-« tisan avant 1789, constitutionnel sous la première

« assemblée, girondin sous la seconde, jacobin sous
« la république, c’était évidemment un personnage
« de position. (Un peu d’attention, monsieur le mi-
« nistre, voici venir la ressemblance.) Mais il avait
« toutes les ressources des grands hommes... un
« caractère entreprenant, une activité infatigable,
« un coup d’œil prompt, sûr, étendu, une impé-
« tuosité d’action et une confiance extraordinaire
« dans le succès (c’est vous). Il était en outre, ou-
« vert, facile, spirituel, hardi, propre aux factions
« et aux armes... (aux armes... comme c’est vous !...)
« plein d’expédients, étonnant d’à-propos, et dans
« une position, sachant s’y soumettre pour la chan-
« ger... (La ressemblance s’altère). Il est vrai que ses
« grandes qualités se trouvaient affaiblies par des
« défauts. Il était hasardeux, léger, et d’une grande
« inconstance de pensées et de moyens, à cause de
« son besoin continuel d’action et d’intrigue... Mais
« son grand défaut était l’absence de toute convic-
« tion politique... » Quelle horreur ! Pour le haut
de la tête, si noblement resplendissant, qui ne pen-
serait que vous ayez posé en personne ? et si la flat-
terie pouvait s’être exercée sous le pinceau, il fau-
drait, je crois, en charger l’amitié... le peintre étant
Mignet... L’original... ô honte, ô douleurs ! tant de

talents ensemble et d'infamies ! Le sauveur de la France... puis un traître, le vainqueur de l'Argonne... Dumouriez... Vous frémissez... c'est qu'il n'aimait pas son pays... celui-là... Que si néanmoins à la trahison l'excuse était possible, elle découlerait ici du but magnanime auquel elle aspirait. Près de lui avait combattu un Français, et sur une tête rehaussée déjà de l'éclat du courage, il espérait relever le diadème abattu de la France. Réussissant le conspirateur, le roi des Français aurait compté de règne trente-cinq années de plus... Arrêtant la révolution dans sa vague emportée, son habileté depuis éprouvée nous garantissait des factions au dedans, au dehors des tendances coalisées. — Napoléon dévoré, inaperçu dans son génie, n'arrivaient ni l'empire, ni sa gloire, ni les restaurations... Sans les dernières, rien de la branche aînée, de Polignac, des ordonnances, de juillet.... Sans juillet point de Thiers.... Sans Thiers point de forts... D'où il appert, par la logique des faits, que tout à la France fut au mieux de ses destinées, puisque enfin elles vous portaient avec elles... Et si votre laborieux enfantement coûte cher au pays, votre affection pour lui à nulle autre pareille l'indemnise largement.

Ce qu'avait rêvé Dumouriez pour le duc de Chartres, Fouché, Talleyrand, et par eux Alexandre, le voulurent un instant pour d'Orléans. Grâce à vous, ayant au préalable aidé à juillet et Laffitte, du duc la royale destinée enfin s'accomplit, du duc marqué d'en haut, sinon pour essuyer de son manteau le sang d'un trône, du moins pour nous en couvrir contre les factions, en ramassant une couronne. Et trois fois heureux le jour où nous vint le chef dont on a dit : « Il est de notre temps, de ce siè-
« cle, croyant les princes faits pour les peuples, non
« les peuples pour les princes. De prince il s'est fait
« homme (et d'homme roi). De lui n'a pu se dire
« le mot : *rien oublié, rien appris,* sage dans sa vie
« et dans ses mœurs, en somme c'est un homme
« de bien. Je voudrais qu'il fût maire de la com-
« mune, il ajusterait bien des choses, non-seulement
« par cette sagesse que Dieu a mise en lui, mais
« par une vertu trop peu considérable et trop peu
« célébrée : c'est son économie, qualité, si l'on veut,
« bourgeoise, que la cour abhorre dans un prince,
« et qui n'est pas matière d'éloge académique, ni
« d'oraison funèbre, mais pour nous si précieuse,
« si belle, comment dirai-je..? divine, qu'avec
« celle-là je le tiendrais quasi quitte de toutes les

« autres. » Mais le sable de la clepsydre s'échappe au hasard, pour la presser, sur la plus nécessaire existence, et retombant desséchée à jamais l'auguste main qui retient les tempêtes, qu'adviendrait-il de la France ?

D'une chute profonde ébranlant l'avenir, le cadavre du présomptif l'a laissé ténébreux à qui devra s'y engager. Cet avenir, vous l'avez, je le veux, étayé de votre loi de régence, éminemment sage et prévoyante, alors encore que, selon le *calomniateur*, elle enlèverait au peuple l'initiative de sa souveraineté. Mais d'elle et du régent le vide du mort sera-t-il donc comblé ? Il était jeune, le feu des batailles, en l'épurant, avait signalé son courage... Humain, affable, généreux, il avait une amabilité d'instinct, non d'état. Ami du peuple à la manière d'Henri IV, l'argent lui était dans les mains pour soulager, non corrompre. Dignement familier avec la foule, il y restait de son rang, la sachant ne point estimer qui déroge. La colère populaire qu'il avait vue terrible, à cet âge où les impressions restent, l'eût suivie sur le trône, en utile enseignement, et le sceptre l'eût flatté non par l'or, mais les nobles priviléges qu'il entraîne après lui. Loin d'être un génie, sans encore offrir un caractère, il comprenait l'honneur

national, et régnant, qu'en pense monsieur de Mars ?
nul projectile exotique que n'eût croisé soudain, dans
sa parabole insolente, une éclatante réparation. L'a-
varice hideuse ne le dévorait pas, et le soldat fidèle,
mais citoyen, il n'eût osé jamais le soulever en séide
contre cette constitution nôtre, fécondée, dans une
force ascendante, du sang d'un demi-siècle. Longtemps penché sur les hommes et les choses, ayant
sous un pilote habile étudié et appris le gouvernement, comme il tenait l'épée, il eût su porter la
couronne. Ah ! par les regrets de tous, par les pleurs
inépuisés d'une mère, d'une épouse... le roi eût
réalisé d'Orléans... et au cri monarchique, le roi est
mort, vive le roi, des partis, lui debout, le fer sans
espoir eût fléchi d'impuissance... Il vous avait jugé,
monsieur le ministre, et à son heure, avant ce der-
nier souffle que s'allaient partager et sa mère et la
France, à travers le sang qui l'étouffait, il soupira peut-
être... Mon enfant... Thiers,... veillez sur lui... les
régences... pauvre roi !.. sauvez-le, sauvez la France...
A ce vœu, possible, probable, d'une ombre malheureuse, voudrez-vous résister ? N'est-ce rien à vos
efforts que le sourire reconnaissant de la mère, en
attendant la gratitude de l'enfant grandi en effectif
roi ? le besoin qu'en ont tous les partis est à un homme

l'infaillible pierre de touche de sa capacité. Des papiers arrêtés du prince Louis on vous exhuma premier ministre; ceux-là qui se vautrent dans le sang pour y chercher de l'or vous eussent, à l'occasion, apporté la dictature avec dégoût aussitôt rejetée, et chez la légitimité, malgré le péché de roture, on vous invoquerait au besoin. Non, depuis le très-souple Barrère, personne qui se puisse enchâsser mieux que vous, pour y reluire en chef, dans l'omnicolore mosaïque des partis. Ce n'est pas qu'à tout voir, il vous faille de suite remonter aux affaires... l'heure n'a point sonné de la résurrection... 1840 étant trop près, Bourges pas assez loin... à mon sens non, grands dieux! mais à cette tourbe ignorante qui sur la borne s'exclamerait, trompette fêlée de la presse révolutionnaire! « Hein... le voyez-vous... le revoici, « ce Thiers, pour faire filer les canons sur Paris, « nous fabriquant sur l'heure une guerre européenne. « Connu, connu, vieux malin, on sort d'en prendre... « tu nous crois bien badauds, avec ton *quantum* de « bastilles... quinze... ma foi! une par année... pour « pendant,.. tiens les lois de septembre. » Et autres turpitudes du genre... Voilà le peuple, monsieur le ministre, stupide, injuste toujours, ne sachant, ne voulant savoir rien de l'histoire, et obstiné sous un

même nom à n'apercevoir qu'une même chose.
Qu'on lui dise : « La bastille de 1789, instrument
« du despotisme et de ses plus honteux déborde-
« ments, étouffait la pensée, enterrait les vivants.
« Citadelle infâme, sa destruction fut un bonheur...
« comme aujourd'hui l'érection des quinze que vous
« récriminez... précieux gage des libertés contre une
« troisième restauration. » Clair comme soleil,
n'est-ce pas? Mais lui : « Les fortifications, les bastil·
« les, anachronisme, danger contre les libertés, lo-
« gements crénelés pour l'arbitraire, l'émeute, ou
« l'invasion... La banlieue dévastée à trois lieues de
« profondeur, des zones paralysant la propriété dans
« sa valeur, sa mutation, l'exercice de son droit.
« Avec le prix décroissant du sol, l'augmentation
« inévitablement progressant du boire et du manger;
« près d'une ville de guerre non classée, d'éclatantes
« ruines aux constructeurs trop confiants, ou qui les
« indemniseront, d'énormes charges au trésor. Des
« forts affamant Paris, de la province le coupant,
« ainsi que du corps la tête, pour les écraser plus
« sûrement tous les deux. Au profit d'une seule ville,
« si profit il y a, la frontière dégarnie de soldats,
« une centralisation apoplectique comprimée d'un
« militaire inquiétant, l'immoralité s'exhalant fétide

« d'une agglomération monstrueuse, un matériel à
« réparer, des murailles à entretenir, lèpre sans fond
« de tous budgets; l'octroi reculé à l'enceinte, enla-
« çant d'un subit impôt toute une population sur-
« prise. A nos portes, une ceinture d'hommes et de
« fer, les pouvoirs délibérant sous la menace... des
« canons hostiles au dedans... impuissants au de-
« hors... N'est-il donc plus de traîtres? et ce M. Al-
« lard se patroner, dans son rapport, de Marmont,
« deux fois égorgeur, éhonté partisan de la fortifi-
« cation, qui, ne l'empêchant pas de nous livrer en
« 1814, lui fût venue en aide pour nous mitrailler
« en 1830... A travers votre amendement, nous vous
« avons deviné, tout habilement tissu et jeté qu'il
« fut... Si Lamartine avait raison, si lâchement
« couchée sur cet amas de pierre, la liberté
« meurtrie... qu'ils osent! et balayés au souffle deux
« fois heureux de nos colères, on lira, comme de-
« vant, sur le sol labouré des bastilles: *ici on danse.*»
Et mille autres clameurs descendues de tribuns
échevelés, dans les recoins pourris de la mauvaise
presse. A ce langage, on se surprend à chérir les lois
de septembre... Au minotaure de toutes libertés, au
peuple, il faut des liens de fer. Voyez Napoléon
vous rappelant, pour au besoin l'appliquer, la mé-

thode de son gouvernement. Il est vrai qu'il escamotait la liberté sous la gloire, conduite parfois de difficile imitation. Impôt et travail, argent et despotisme, voilà les hémisphères de tout principe voulant vivre. Le vieux cri de la plèbe à Rome, *panem et circenses*, me paraît trop long de moitié. Où en sont-ils, vos puritains, avec leur pondération des pouvoirs, trinité bientôt aussi ridicule que nous restera sainte la religieuse Trinité ? Benjamin, ressuscité des morts, n'arriverait plus, avec tous ses sophismes, à démontrer, à nous appliquée, l'excellence du constitutionalisme anglais. Au milieu d'éléments juxtaposés, qu'un homme aspire selon sa force, c'est d'une éternelle loi que rien ne peut briser. Au sommet du triangle, lui faut-il, esclave d'une fiction, s'annihiler en automate ? et d'un roi fainéant présenter le spectacle dangereux à ces *sujets* par Montalivet retrouvés ? Que cela soit plus ou moins selon la lettre de la constitution, qu'importe ? avec Skakespeare, monsieur le ministre, *tout est bien, qui finit bien.* Et je me rappelle, pour vous en louer fort, ce cri parlementaire certain jour échappé : « Il nous faut pour « vivre tout cet arbitraire, ou nous sommes perdus. » Cri du cœur, monsieur le ministre, et d'une haute intelligente politique. Et alors encore que dans un cas donné, les fortifications éclateraient contre l'hydre sanglante et sans cesse renaissante de l'anarchie, quel dommage vraiment à l'encontre du peuple souverain ! A moi le peuple, le seul peuple est la bourgeoisie, qu'estime et protége Guizot (car il a du bon), la bourgeoisie, ce tiers arrivé, dont a dit Sieyès : le tiers c'est tout. Avec raison ce tout veut rester tel, et, s'immobilisant par la violence, presser du pied le vil prolétaire, avec permission généreuse, à la noblesse et au clergé, de majestueusement s'endormir dans les catacombes de leur vivace passé. Au delà des *bornes* de Lamartine, il n'y a plus rien. Oui, habile et savant économiste, sous vos théories, avec le vôtre j'incline un genou adorateur devant la force, de toutes les divinités la seule que je respecte. Tout cela bas et entre nous, monsieur le ministre, réserve faite, expressément faite de notre immense affection au pays.

Mais le peuple, c'est-à-dire la plèbe, de vous criera encore : *Lui,* du peuple, nous a méconnus ; il a soutenu les priviléges que nous voulions détruire. A Lyon, il a mitraillé nos frères. Vous son prôneur, attardez-vous dans la rue Transnonain?... l'écho vengeur redira : Assassin ! A Saint-Michel, il est maudit. L'association, besoin premier de qui pense, agit,

comprend et souffre, il l'a rendue impossible. N'a-
t-il pas faussé le jury, étouffé la presse? Qui a dis-
sous les gardes nationaux, grevé le trésor, démo-
ralisé la nation, souillé juillet, fait la France ridicule?
Lui, toujours lui! A l'insolence de Jackson, vous
le verrez jeter vingt-cinq millions, mais réduire la
rente; de Laffitte, Carrel, Dupont de l'Eure se souvenir; avoir souci de l'humanité, de ses souffrances;
croire à ses progrès; sur les vaincus crier amnistie,
ou secours à la Pologne malheureuse, jamais, jamais! Dans le cercle compromis des libertés, de l'é-
conomie, de la dignité nationale, cherchez une place,
une seule, que l'ongle du vampire n'ait flétrie! Droits
à détruire, impôts à dresser, sang à répandre, il est
partout sur la brèche. Et les fortifications, ces voi-
sines charmantes de nos faubourgs aimables, de lui
ne sont-elles œuvre? Et il redeviendrait ministre pour
la guerre... et l'armement effectif. Merci!... Lui, co-
libri de tous les pouvoirs, fossoyeur de tous les budgets, inconstant, inconséquent, inconsistant, insai-
sissable, religioniste sans foi, mort aujourd'hui, ressuscité demain, ardent à provoquer l'orage, et
baissé s'il éclate, à se relever radieux dans sa séré-
nité; républicain, *offreur*, orateur et *collateur* de
trônes, tribun, législateur, ministre, écrivain, aca-

démicien, philosophe, coalitionnaire, guerroyeur, correcteur et redresseur des stratégies consulaires et impériales, financier, mitrailleur, fortificationiste, impérialiste, économiste, journaliste, fataliste, pour cause jésuitiphobe, plus que jésuiticide, équilibriste, artiste, voyageur, en mathématiques transcendant, par une sienne méthode, sans rival pour grouper les chiffres, en France dynastique, pour les *corps francs*, anarchiste, occis ou non des jésuites ronflant fort, de Napoléon dormant peu, du ministère pas du tout, et de l'esprit qu'il a plus que personne ayant le plus abusé. Pour tous rôles, de toutes mains, sur toutes voies, à tous risques, étourdi cocher du fiacre de l'État, centrifuge de ce qui s'en va, de ce qui arrive centripète, Méphisto-phélès consommé, trop du peuple pour la cour, et d'elle trop imprégné pour revenir au peuple qui n'en veut pas; de toutes croyances afficheur, sans aucune en lui, du présent dévorant l'avenir, sauf l'avenir échu à se défendre du passé, ambitieux à tous freins, d'une habileté relative à ses délicatesses de con-science, n'estimant de l'homme que ce qu'on ex-ploite, sachant rien n'être stable sous le soleil, et qu'entée sur l'humaine bêtise l'audace intelligente peut aspirer aux cieux; convaincu, différant de Talleyrand, son maître, que la *parole fut* donnée à l'homme pour parvenir... Et il serait ministre ?

Oui, vous serez ministre, Excellence, et le dire est un besoin de mon cœur, avant d'emporter, de mes indiscrétions extrêmes, une absolution que j'implore. Et vous le serez, en dépit d'insensées et furibondes clameurs; parce qu'au peuple du monde le plus spirituel, le plus léger, le plus aimable, le plus loquace, le plus muable, il faut quelqu'un résumant ces qualités; aux représentants du privilége et de l'argent, des chefs habiles, parce qu'à une succession, utile peut-être, le confident, l'initié de l'auteur, parce qu'à votre loi de régence, pour la transmettre du texte à l'application, votre concours sera de rigueur, votre place fatalement marquée aux flancs de tout ce qui gouverne; parce qu'à l'encontre de l'Europe jalouse, vous aurez à surveiller l'armement; que, de votre personnalité n'ayant montré qu'une face, vous tiendrez à honneur de la surmonter dans l'ensemble du courage du soldat et du génie du capitaine. Nul doute que la dynastie, défendue au-dedans par l'homme d'État, s'appuie de son épée pour se protéger du dehors. Belle sera l'occasion de monter à cheval (vous avez du cheval un joli commencement); et si par les lettres vous comptez une *campagne d'Italie* (**1**), une en Allemagne par le sabre me paraît très-permise. Vous serez ministre, parce qu'aux époques de transition, en ébranlements féconds, l'homme supérieur sait creuser sa véritable place. C'est quand l'horizon se charge, que le tonnerre gronde sourdement dans la nue, qu'il convient de recourber sur soi des attractions de sa puissance, l'arc aux vives couleurs de ses brillants destins; parce qu'enfin, homme d'esprit, d'expédients, de savoir-faire, de stratégie, de courage, de probité, d'honneur et de vertu, inimitable, incomparable, indéchiffrable, irremplaçable vous serez à tous, chez tous, partout et toujours nécessaire, et « qu'ayant vu « la révolution française poursuivre son invincible « cours, vous êtes certain que l'expérience n'a point « glacé en vous les sentiments de la jeunesse, et que « vous aimez, comme vous les aimiez, la liberté et la « gloire de la France. (**2**) »

(**1**) M. Villemain, dans un article critique de l'*Histoire du Consulat*, disait, en parlant de celle *de la Révolution française :* « C'est la campagne d'Italie de M. Thiers. » (*La Presse*, 29 mars 1845.)

Je ne suis donc pas le seul à trouver d'intimes affinités entre Napoléon-le-Grand et M. Thiers.

(**2**) Thiers, *Histoire du Consulat*, t. I, p. 5.

En foi de quoi, de sa Grâce humblement prenant congé, à cette fin qu'elle témoigne d'autant son colossal amour au pays, je lui dirai, m'inclinant : Sauvez le roi, sauvez la France! soyez ministre.

Boissy-Saint-Léger, 9 juillet 1845.

www.ingramcontent.com/pod-product-compliance
Lightning Source LLC
Chambersburg PA
CBHW061315050726

47594CB00004B/1723